AF607188

POEMAS DE AMOR

JOAN SALVAT-PAPASSEIT

POEMAS DE AMOR

Selección y traducción José Batlló

VISOR LIBROS

VOLUMEN MCCIII DE LA COLECCIÓN VISOR DE POESÍA

La edición de esta obra ha dispuesto de una ayuda
del Institut Ramon Llull

1ª edición, 1984
2ª edición, 2002
3ª edición, 2014
4ª edición, 2024

Cubierta: Diego Jordán

Isaac Peral, 18 - 28015 Madrid
www.visor-libros.com

ISBN: 978-84-9895-503-3
Depósito Legal: M-34862-2023

Impreso en España - Printed in Spain
Gráficas Muriel. C/ Investigación, n.º 9. P. I. Los Olivos - 28906 Getafe (Madrid)

NOTA DEL TRADUCTOR

La traducción es la prueba de fuego de todo escritor y, especialmente, de todo poeta, decía yo hace algunos años. (No puedo evitar la sensación de que todo cuanto tenía que decir lo dije hace años, y además, seguramente, remedando palabras dichas mucho mejor antes). En una conferencia pronunciada en Segovia, hace más de sesenta años, decía Antonio Machado: «Porque todos sabéis que traducir una obra es someterla a una dura prueba, y traducirla mal es casi borrarla. Al pasar de una lengua a otra solo se salvan los más altos valores literarios (...). Solo si una obra contiene valores esenciales hondamente humanos y una sólida estructura interna, puede —aún disminuida por la traducción— ser admirada en lengua extranjera».

Por si estas palabras —que me parecen verdaderas— fueran poco, habría que añadir la evidencia de que todo traductor consciente (lo cual no significa que alcance el éxito en su trabajo), se ve en la necesidad de «comprender» hasta el final la obra que pretende trasladar a otra lengua. Esta comprensión comporta un análisis exhaustivo de cada parte, de cada oración, de cada palabra. No es imposible, ni mucho menos, que este análisis le lleve a descubrir vacilaciones, imprecisiones, equivocaciones y hasta anacolutos que una simple lectura lúdica, por atenta que sea, no advierte. En cualquier caso, plantea un primer e importantísimo problema: ¿ha de conservar el traductor los «errores» en su versión o, por el contrario, debe subsanarlos?

La poesía de Joan Salvat-Papasseit enfrenta primordialmente a todo aquel que intenta traducirla con este problema. En la primera edición de sus poesías completas, Joan Sales, que cuidó de los textos, hace abundante y detallada referencia al asunto por medio de algunos ejemplos característicos. No se trata tan solo de las variaciones morfológicas, léxicas o sintácticas, ni de los castellanismos, galicismos y barbarismos que es frecuente encontrar a todo lo largo y ancho de los poemas, sino, especialmente, de las vacilaciones e imprecisiones que denuncian un insuficiente conocimiento gramatical de la lengua con la que el poeta trabaja. Sales se inclina por hallar la explicación de ciertas formas o construcciones en el anarquismo, no de la lengua —«que entre los años 1919 y 1924, en que se sitúa toda la obra poética de Salvat-Papasseit, estaba ya lo bastante fijada»—, sino del autor. Y aquí sí que el traductor de Salvat-Papasseit se encuentra ante un callejón sin salida. Porque, ¿cómo trasladar a otra lengua, por muy cercano que sea el parentesco que guarda con la del original, como es el caso de la castellana y la catalana, esa violencia que Sales afirma voluntaria y que obedece, por tanto, a una insólita voluntad de estilo, sin sacrificar con ello la inteligibilidad del texto? Y aún en el hipotético caso de que se logre tal hazaña, ¿cómo hacer comprender al lector de la traducción que la violencia, que a veces incluso alcanza a la prosodia, es una versión del original y a él imputable?

Si la poesía es la descripción de la lucha que sostiene el poeta para nombrar lo inefable, la traducción poética será un pálido reflejo de esta lucha, un intento previamente condenado al fracaso de reproducir lo irreproducible. En el mejor de los casos, una buena copia del original. Como esas reproducciones de las obras maestras de la pintura universal que la sociedad de consumo (y la tecnología, todo hay que decirlo) ha puesto al alcance de todos los bolsillos. «Traduttore traditore», dicen en Italia. Hay excepciones, desde luego. Tal es el caso —me dicen— de las traducciones, precisamente al italiano, de la poesía de Joan Maragall por Eugenio Montale, en las que la «copia» supera el original. Destreza se llama la figura, digo yo. Y es que para ser fraile no hay nada mejor que haber sido antes cocinero.

Pero volvamos a las palabras inicialmente citadas de Antonio Machado: «Solo si una obra contiene valores esenciales hondamente humanos y una sólida estructura interna, puede ser admirada en lengua extranjera», afirman. Este es, precisamente, el caso de la obra poética de Joan Salvat-Papasseit. Y esta es la razón principal y casi única por la que resulta rentable emprender la tarea desagradecida y oscura de su traducción a otras lenguas. Está claro que la significación de Salvat-Papasseit va más allá de la estrictamente literaria que pueda ofrecer su poesía: por de pronto, esta poesía se erige en vehículo insustituible para alcanzar el genuino latido humano que se intuye a su través. Nadie que esté en sus cabales puede creer que la más fluida y embriagadora oratoria o la más perfecta retórica son preferibles a las vacilantes palabras de quien habla «con el corazón en la mano». En el primer caso, necesita del brillo del oropel para convencer; en el segundo, se trata ni más ni menos que de despertar en nosotros un sentimiento de solidaridad con quien comparte nuestro desvalimiento ante lo misterioso o lo desconocido. Claro que en poesía todo es forma (falso, prefabricado, alevoso). El problema está en encontrar la buena forma, como decía Gabriel Ferrater, que del asunto sabía el ciento y la madre.

En definitiva, el traductor que se enfrente a la obra poética de Salvat-Papasseit cuenta con una ventaja insuperable: es una obra con un espíritu universal y «si no hay una lengua universal —digámoslo con palabra de Octavio Paz—, las lenguas forman una sociedad universal en la que todos, vencidas ciertas dificultades, se entienden y comprenden. Y se comprenden porque en lenguas distintas *los hombres* dicen siempre las mismas cosas. La universalidad del espíritu era la respuesta a la confusión babélica: hay muchas lenguas, pero el sentido es uno». El poeta, ensayista y ex embajador mejicano hace esta reflexión referida al pasado, antes de que la Edad Moderna destruyera esa seguridad, antes del redescubrimiento de la infinita variedad de los temperamentos y las pasiones, de la multiplicidad de costumbres e instituciones, antes de que el hombre dejara de reconocerse en los hombres. La poesía de Salvat-Papasseit nos transporta a ese pasado siempre mejor (bien se ve) sin moverse de su espacio y tiempo. Su fabuloso poder para transmitirnos la vida que late en los acontecimientos cotidianos y en los sentimientos que llamamos, impropiamente, primarios, no le impide soñar. Sus sueños no le permiten, no obstante, olvidar que todo empieza y termina, como nos dirá en uno de sus más impresionantes poemas, en la Vida y la Muerte.

Por último, aunque no por ello lo menos importante, decir que en este libro se recopilan prácticamente todos los poemas de tema amoroso de Salvat-Papasseit. Que los textos originales han sido establecidos a partir de la edición que de sus poesías completas hiciera el profesor y maestro (para mí) Joaquim Molas (Barcelona, Ariel, 1978). Y que los muchos errores que sin duda habré cometido a lo largo de mi trabajo, espero tener oportunidad de irlos corrigiendo en sucesivas ediciones del libro. Cuento para ello con la complicidad del lector.

J. B.

De

L'IRRADIADOR DEL PORT I LES GAVINES

(Poemes d'avantguarda)

(1921)

De

EL IRRADIADOR DEL PUERTO Y LAS GAVIOTAS

(Poemas de vanguardia)

(1921)

CANTO LA LLUITA

Cavaller d'un corser
qual crinera és de flames
só jo l'incendiari de mots d'adolescent
Blasmo els déus a ple vol:
l'arraulit bestiari
tem el fuet del meu cant!
I he maridat la lluna…
(Però no dormo amb Ella si el filisteu governa els meus domenys)

CANTO LA LUCHA

Caballero de un corcel
de crin llameante
soy el incendiario de palabras de adolescente
Blasfemo a los dioses en pleno vuelo:
¡el humilde ganado
teme el látigo de mi canto!
Y he desposado con la luna…
(Aunque no duermo con Ella si el filisteo gobierna mis dominios)

PASSIONAL AL METRO
(Reflex n.º 1)

A Joaquim Borralleras

Antínoüs   donzell príap perdut
i una rosa als llavis que el guia en la nit

Mireu si brillen els seus ulls
que Penèlope es deixa de la roba
i s'esllangueix de rostre com una cera verge

Antínoüs és en la fosca   i una rosa als llavis
que li vol fer vilesa
                                        d'enamorar Penèlope
                                        l'esquerpa

Antínoüs s'ha menjada
                                                lentament

UNA ROSA

—justament en passant sota la serp del Sena direcció
   Saint-Lazare

(París, 1 de març de 1920)

PASIONAL EN EL METRO
(Reflejo n.º 1)

A Joaquim Borralleras

Antínoo   doncel príapo perdido
y una rosa en los labios que le guía en la noche

Mirad si brillan sus ojos
que Penélope abandona la ropa
y se adelgaza de rostro como una cera virgen

Antínoo está en lo oscuro   y una rosa en los labios
que quiere hacerle vileza
                                        de enamorar a Penélope
                                        la adusta

Antínoo se ha comido
                                    lentamente

UNA ROSA

justo pasando bajo la sierpe del Sena dirección Saint-Lazare

(París, 1 de marzo de 1920)

ENCARA EL TRAM

A D. Carles

Noia del tram, tens l'esguard en el llibre,
i el full s'irisa
en veure's cobejat.
I el cobrador s'intriga si giraràs el full:
sols per veure't els ulls!

Que les cames se't veuen
i la mitja és ben fina;
i tot el tram ets tu.
Però els ulls no se't veuen.

I la teva mà és clara
que fa rosa el teu cos de tafetà vermell,
i el teu mocadoret ha tornat de bugada.
Però els ulls no els sabem!

I si jo ara baixés? —Mai no et sabria els ulls…
Té, ara, ja he baixat!

TODAVÍA EL TRANVÍA

A D. Carles

Chica del tranvía, tienes la mirada en el libro
y la hoja se irisa
                        al verse codiciada.
Y el cobrador se intriga
pensando si volverás la hoja
¡solo por verte los ojos!

Que las piernas sí se te ven
                                    y la media es bien fina;
                                    y todo el tranvía eres tú.
Mas los ojos no se te ven.

Y tu mano es tan clara
que vuelve rosa tu corpiño de rojo tafetán,
                        y tu pañuelito acaba de salir de la colada.
¡Pero ignoramos los ojos!

¿Y si yo bajase ahora? —Jamás sabría de tus ojos…
¡Toma! ¡Ahora ya he bajado!

VIBRACIONS

El gra sagnós de magrana
al teu llavi.
Oh, el mossec de la meva besada!

Dolça recança:
l'ànima del Poeta
al teu ventall.

Quin vent que fa,
quina pluja més fina!
—El tram llampega.

Acota el cap endins la porxada de verd,
als tarongers florits, la promesa-donzella:
una alosa destria la blancor
dins el verd.

Dins de la nit
alegria en la casa.
Tot és la por.

Cada mot de l'esposa, una rosa
tota balba de flames:
la sardana-cinyell de l'esposa.

VIBRACIONES

El sangriento grano de granada
en tu labio.
¡Oh, el mordisco de mi beso!

Dulce pesar:
el ánimo del Poeta
en tu abanico.

¡Qué viento hace,
qué lluvia tan fina!
El tranvía relampaguea.

Inclina la cabeza en el porche verde,
en los naranjos floridos, la prometida-doncella:
una alondra divisa la blancura
en lo verde.

En la noche
alegría en la casa.
Todo es miedo.

Cada palabra de la esposa, una rosa
aterida de llamas:
la sardana-cíngulo de la esposa.

La pluja rosega el vidre
glaçat...
Quantes molles s'hi deixa!

Aquesta flor,
del teu pit al meu llavi,
flor en el llibre.

¿Què són fets els estels-oronells
despenjats cada dia?
En els ulls de les verges, estels.

Volves de zèfir
sonorants ones verdes:
la Primavera.

A aquella estrella nua tan a prop de la lluna
li servo un gran amor
car volia escapar-se
i la vigilen molt.

Ara el cel és tot blau dins el matí.
Només un petit núvol blanc —molt blanc:
una verge s'ha deixat el coixí.

Bru mariner d'amor
de peu dret a la proa:
quina noia no el vol!

Mocadoret al coll,
vermellet, de les festes.
Les sagetes al cor.

La lluvia roe el cristal
helado...
¡Cuántas migas deja!

Esta flor,
de tu pecho a mi labio,
flor en el libro.

¿Qué se ha hecho de las estrellas-golondrinas
descolgadas cada día?
En los ojos de las vírgenes, estrellas.

Motas de céfiro
sonoras olas verdes:
la Primavera.

A esa estrella desnuda tan cerca de la luna
le guardo un gran amor
pues quería escaparse
                    y la vigilan mucho.

El cielo está ahora todo azul en la mañana.
Solo una pequeña nube blanca, muy blanca:
una virgen ha olvidado la almohada.

Bruno marinero de amor
de pie en la proa:
¡qué muchacha no lo ama!

Pañuelito al cuello,
colorado, de fiesta.
Las saetas en el corazón.

EPIGRAMA

A Josep A. Font i Cases

Un perfum de colors ha invadit a Margot
S'ha vestida de pressa:
Perquè hom no sabés de sa nina l'olor
s'ha posada una flor
damunt la roba fresca

EPIGRAMA

A Josep A. Font i Cases

Perfume de color ha invadido a Margot
Se ha vestido presta:
Para que no supiéramos de su seno el olor
Se ha puesto una flor
sobre la ropa fresca

INICI EPITALÀMIC-FILM

A Joan Arús

La boca a la boca i la parpella closa
El finestró també
I aquella sina d'Ella
                    com de vellut de seda
I l'omelic amant amb l'omelic fragant
     I aquell plorar primer
                          sota l'ombra del sostre

FEU-VOS COIXINS BEN FLONJOS
PER LA LLUNA DE MEL

INICIO EPITALÁMICO-FILM

A Joan Arús

La boca en la boca y el párpado cerrado
El postigo también
Y aquel seno de Ella
                                        como de terciopelo de seda
Y el ombligo amante con el ombligo fragante
        Y aquel llanto primero
                                                    bajo la sombra del techo

HACEOS ALMOHADAS MUY BLANDAS
PARA LA LUNA DE MIEL

RES NO ÉS MESQUÍ

A Josep Obiols

Res no és mesquí
ni cap hora és isarda,
ni és fosca la ventura de la nit.
I la rosada és clara
que el sol surt i s'ullprèn
i té delit del bany:
que s'emmiralla el llit de tota cosa feta.

Res no és mesquí,
i tot ric com el vi i la galta colrada.
1 l'onada del mar sempre riu,
Primavera d'hivern —Primavera d'istiu.
I tot és Primavera:
i tota fulla verda eternament.

Res no és mesquí,
perquè els dies no passen;
i no arriba la mort ni si l'heu demanada.
I si l'heu demanada as dissimula un clot
perquè per tornar a néixer necessiteu morir.
I no som mai un plor

NADA ES MEZQUINO

A Josep Obiols

Nada es mezquino,
ni hora alguna es agreste,
ni oscura es la ventura de la noche.
Y claro es el rocío
cuando amanece el sol y se aoja
y tiene deseos del baño:
que se deslumbra el lecho de todo lo creado.

Nada es mezquino,
y todo rico como el vino y la roja mejilla.
Y la ola del mar siempre ríe,
Primavera de invierno —Primavera de estío.
Y todo es Primavera:
y las hojas eternamente verdes.

Nada es mezquino,
pues no pasan los días;
y no llega la muerte aunque la hayáis llamado.
Y si la habéis llamado os disimula un hoyo
porque para renacer necesitáis morir.
Y nunca somos llanto

sinó un somriure fi
que es dispersa com grills de taronja.

Res no és mesquí
perquè la cançó canta en cada bri de cosa.
—Avui demà i ahir
s'esfullarà una rosa:
i a la verge més jove li vindrà llet al pit.

sino fina sonrisa
que se dispersa como gajos de naranja.

Nada es mezquino,
pues canta la canción en cualquier cosa.
—Hoy, mañana y ayer
las rosas se deshojarán:
y la virgen más joven tendrá leche en los senos.

DÓNA'M LA MÀ

Dóna'm la mà que anirem per la riba
ben a la vora del mar
bategant,
tindrem la mida de totes les coses
només en dir-nos que ens seguim amant.

Les barques llunyes i les de la sorra
prendran un aire fidel i discret,
no ens miraran;
miraran noves rutes
amb l'esguard lent del copsador distret.

Dóna'm la mà i arrecera la galta
sobre el meu pit, i no temis ningú.
I les palmeres ens donaran ombra.
I les gavines sota el sol que lluu

ens portaran la salabror que amara,
a l'amor, tota cosa prop del mar:
i jo, aleshores, besaré ta galta;
i la besada ens durà el joc d'amar.

DAME LA MANO

Dame la mano, vamos por la orilla
muy cerca del mar
                                        palpitante,
tendremos la medida de las cosas
tan solo con decirnos que seguimos
      amándonos.

Y las lejanas barcas como las de la arena
un discreto y fiel aire tomarán,
y no nos mirarán;
                                        mirarán nuevas rutas
con la lenta mirada del vigía distraído.

Dame la mano, apoya la mejilla
sobre mi pecho, no temas a nadie.
Y las palmeras nos darán su sombra.
Y las gaviotas, bajo el sol que brilla,

nos traerán el salobre sabor que nos empapa
el amor, todo cuanto hay junto al mar:
y yo besaré entonces tu mejilla;
y nos llevará el beso al juego del amor.

Dóna'm la mà que anirem per la riba
ben a la vora del mar
bategant,
tindrem la mida de totes les coses
només en dir-nos que ens seguim amant.

Dame la mano, vamos por la orilla
muy cerca del mar
                                        palpitante,
tendremos la medida de las cosas
tan solo con decirnos que seguimos amándonos.

POEMA SENSE ACABAR

A S. Miquel-Laporta

Quin doll d'aigua a la font
ara que és vespre,
i la lluna s'afanya a pujar la carena!
I ronda el ca fidel a la serena
perquè al seu amo capriciós i destre
plau-li besar l'amada sota la lluna al vol
en el porxo del barri de la masia quieta
adormida pels grills,
missenyors de la cleda i dels pins.

Quin doll d'aigua a la font
ara que és vespre,
i el vent també és a jóc.
I els romanins només, desperts, escolten,
perquè demà al mati puguin parlar d'amors
amb les farigoleres fins l'hora de la sesta,
que és quan reposa el pou,
i canten les cigales esguardant la ginesta,
i ells agafen el son.

Quin doll d'aigua a la font
ara que és vespre,

POEMA SIN TERMINAR

AS. Miquel-Laporta

¡Qué chorro de agua en la fuente
hay al atardecer,
y la luna se afana en subir la cordillera!
Y ronda el fiel perro en la serena
porque a su amo, caprichoso y diestro,
le place besar a la amada bajo la luna en vuelo,
en el porche del patio de la masía silenciosa,
adormecida por los grillos,
señores del cercado y de los pinos.

Qué chorro de agua en la fuente
hay al atardecer,
y el viento también juega.
Y solo los romeros, despiertos, escuchan,
para poder hablar mañana por la mañana de amor
con las gabuyas hasta la hora de la siesta,
cuando reposa el pozo
y cantan las cigarras contemplando la retama
y a ellos les entra el sueño.

Qué chorro de agua en la fuente
hay al atardecer

i la lluna ha assolit les cimes cobejades,
i l'estrella primera
lluerna dels camins
és perduda entremig les immenses miríades
i als confins de la terra
tots els enamorats es besen i s'estrenyen,
de l'una a l'altra serra.

Quin doll d'aigua a la font
ara que tot és nou perquè la lluna és plena.

y la luna ha alcanzado las deseadas cimas
y el primer lucero
                                        linterna de los caminos
se pierde entre las inmensas miríadas
y en los confines de la tierra
todos los enamorados se besan y se abrazan
de una a otra sierra.

Qué chorro de agua en la fuente
ahora que todo es nuevo porque hay luna llena.

DAMUNT MON VAIXELL

Damunt mon vaixell
l'arc de Sant Martí
com un gran cinyell.
Totes les sirenes
engronxant-se en ell.

SOBRE MI BAJEL

Sobre mi bajel
el Arco Iris
como un gran cíngulo.
Todas las sirenas
meciéndose en él.

De

LA GESTA DELS ESTELS

(Mostra de poemes)

(1922)

De
LA GESTA DE LAS ESTRELLAS
(Muestra de poemas)
(1922)

DIVISA

L'estel d'un esguard
i el d'una senyera,

la guerra i l'amar:
la sal de la terra.

Al llavi una flor
i l'espasa ferma.

DIVISA

El astro de una mirada
y el de una señera.

La guerra, el amor:
la sal de la tierra.

En los labios una flor
y la espada enhiesta.

ESTENIES LA ROBA AL TERRAT

Estenies la roba al terrat
i el teu braç tan rodó regalava;
als teus peus s'eixamplava el regal,
cada perla als rajols s'estirava.

I també del teu coll al teu pit
la frescor en l'afany t'ajudava:

si et tocava una mica de sol,
t'hi delies i t'eixamoraves.

TENDÍAS LA ROPA EN LA AZOTEA

Tendías la ropa en la azotea
y tu brazo tan redondo goteaba;
a tus pies se ensanchaba el regalo,
perla a perla en las losetas se prolongaba.

Y también de tu cuello a tu pecho
el frescor en su afán te ayudaba:

si te daba un poco de sol,
en él gozabas y te oreabas.

UNA BANDERA BLAVA

una bandera blava vola
al lluny—
és la teva cortina solellada d'amor

si ens hi anem acostant
decidits
al seu vol
venim com els soldats abillats per la festa

tu surts a la finestra

si esguardaves passar un oronell gojós
tots ens volíem teus:

—tu rius una gran rialla
el mateix que una pluja de cascavells al trot

UNA BANDERA AZUL

una bandera azul vuela
                                        a lo lejos,
es tu soleada cortina de amor

si nos vamos acercando
decididos
            a su vuelo
llegamos como los soldados ataviados para la fiesta

tú sales a la ventana

si mirabas pasar una alegre golondrina
todos nos queríamos tuyos:

tú ríes una gran risa
lo mismo que una lluvia de cascabeles al trote

EL BERENAR A LES ROQUES

A Pere Coromines

jo seria el patró
d'aquell vaixell que es veu a l'horitzó
aniria més lluny   que l'horitzó

donaria a les noies el meu cor
i el tornaria a prendre
per donar-lo altre cop

—noies de tots els ports

faria mirallets amb llurs ulls
i els meus ulls

les sabria albirar
de dalt del pal més alt

cantaria cançons com els marins de guerra:
duria uns pantalons acampanats de baix

NI SABRIA ELS MEUS FILLS QUAN
TORNARIA A TERRA

LA MERIENDA EN LAS ROCAS

A Pere Coromines

yo sería el patrón
de ese barco que en el horizonte se ve
iría yo más lejos   más que el mismo horizonte

a las muchachas yo daría el corazón
volvería a tomarlo
                    para de nuevo darlo

muchachas de todos los puertos

con sus ojos y con los míos
haría yo espejitos

y las sabría divisar
subido al mástil principal

cantaría canciones cual marino de guerra:
tendría pantalones con bajos de campana

NI A MIS HIJOS CONOCERÍA
AL RETORNAR A TIERRA

VENEDOR D'AMOR

A la meva muller

Venedor d'amor
porta joies fines:
la noia que vols
la noia que tries.

De tanta claror
que el mercat destria
per cada cançó
dónes una vida.

Quina vida dóns
quina altra en voldries:
jo me l'he triada
moreneta i prima.

Moreneta i prima
que sembla un palmó:
si un altre la mira
li treu morenor.

Jo l'he demanada
que fos sols per mi.

VENDEDOR DE AMOR

A mi mujer

Vendedor de amor
trae joyas finas:
la chica que quieras
la chica que elijas.

Y con tanta luz
que el mercado divisa
por cada canción
das toda la vida.

Qué vida darás
qué vida quisieras:
yo la he elegido
delgada y morena.

Morena y delgada,
semeja un palmón:
si alguno la mira
le quita negror.

Solo para mí
pedida la tengo.

L'he comprada esclava,
la vull fer lluir.

Venedor d'amor
porta joies fines,
la noia que vols,
la noia que tries.

La he comprado esclava
para lucimiento.

Vendedor de amor
trae joyas finas,
la chica que quieras,
la chica que elijas.

VETLLA, REVETLLA

A Jaume Llongueres

Sant Joan
noça i bateig de sang!
Les noies riuen amb llur galant.

Quina vesprada,
festa pel cor:
cada abraçada deixarà enyor,
cada besada un infant nou.

Pluja de ruda sobre el pitralls,
qui diu l'amada,
qui diu l'amant.

El càntir s'ompli
d'aigua amb anís,
que es vessi tota
sines endins.

No hi haurà festa si el foc no és alt,
si molt no es besa
i l'amor es plany.

VELA, VELADA

A Jaume Llongueres

¡San Juan
boda y bautizo de sangre!
Las muchachas ríen con su galán.

Qué atardecer,
fiesta en el corazón:
cada abrazo añoranza dejará
y cada beso un niño nuevo.

Lluvia de ruda sobre los pechos,
quien nombra a la amada,
quien nombra al amante.

Que el cántaro se llene
de agua y anís,
que se derrame todo
pechos adentro.

No habrá fiesta si no está alto el fuego,
si mucho no se besa
y el amor se lamenta.

A la fontada vinguen cançons
la matinada veurem el sol:

haurem menjada coca amb llardons.

A la jira vengan canciones
de madrugada veremos el sol:

habremos comido coca con chicharrones.

PLATXÈRIA

Dolça amigueta, juguem a fet
o a corretgeta, o a bell indret.

Dolça amigueta, no tinguis por:
ni he d'allunyar-me ni en cap racó
fer-te malícies, o bé el distret
si acàs et cremes o ets a l'indret
on he amagada la teva flor:
si tu ets manyaga jo seré bo.

Dolça amigueta tornem al joc,
la teva escala farà de toc.
Si tu m'atrapes no et besaré,
si jo t'atrapo perdonaré
que no m'estimis. Ja em somriuràs.

Si et cau la trena jo et faré el llaç.

JOLGORIO

Dulce amiga, juguemos a dormida
o al escondite o a las prendas.

Dulce amiga, no tengas ningún miedo:
ni he de alejarme ni en rincón alguno
hacer malicias, ni me haré el distraído
si te quemas o estás cerca del sitio
donde tu flor está escondida:
bueno seré si tú eres cariñosa.

Dulce amiga, volvamos a jugar,
tu escalera será nuestra barrera.
Si tú me atrapas no te besaré,
si yo te atrapo te perdonaré
que no me quieras. Ya me sonreirás.

Si tu trenza se cae, de nuevo el lazo haré.

SENSE EL RESSÒ DEL DRING

A l'Apel·les Llargués

Sense el ressò del dring i el brill de l'or malvat
voldria anar pel món
com el món no en té cura:

que trobés pel camí la noia jove i bruna
i la pogués besar
—l'altra després de l'una—

abans una tonada i després un bell cant;

que en arribar al lloc on m'abrusés la set
trobés el càntir fresc
i amb el càntir l'abraç de la més joguinera;

i que en pujar trescant per la nova drecera
encara em fes adéu:

i jo li llançaria un llessamí per festa
per si no ens vèiem més:

—que encara que besés a un altre caminant
pogués jo anar pel món
sense el ressò del dring ni el brill malvat de l'or.

SIN EL SONIDO DEL DINERO

A Apel·les Llargués

Sin el sonido del dinero ni el brillo del oro malvado
quisiera ir por el mundo
ya que al mundo le tiene sin cuidado:

para encontrar por el camino a la muchacha joven y bruna
y poderla besar
—una tras otra—

antes una tonada y después un bello canto;

para que al llegar donde me abrasase la sed
hallara un cántaro fresco
y con el cántaro el abrazo de la más juguetona;

y para que al subir triscando por el nuevo atajo
aún me dijese adiós:

y yo le arrojaría un jazmín galante
por si no volvíamos a vernos:

—para que aunque besara a otro caminante
pudiese ir yo por el mundo
sin el sonido del dinero ni el brillo del oro malvado.

L'ENAMORAT LI DEIA

Penyora d'amor, penyora—
si tu em besaves, amor,
jo et donaria una rosa.

No fóra mesquí de res,
penyora d'amor, penyora;
—o bé et tornaria el bes
o et donaria una taronja,
una ametlla
o bé l'esqueix
d'una clavellina nova.

No fóra mesquí de res,
penyora d'amor, penyora;
—o la flor del cirerer
o el llessamí
o bé la lluerna
que hagués pogut descobrir
la nostra abraçada estreta.

No fóra mesquí de res,
penyora d'amor, penyora:

EL ENAMORADO LE DECÍA

En prenda de amor, en prenda
si me besaras, amor,
yo te daría una rosa.

Nada habría de ahorrar
en prenda de amor, en prenda;
te devolvería el beso,
te daría una naranja
o una almendra
el esqueje
de una clavellina nueva.

Nada habría de ahorrar
en prenda de amor, en prenda;
si no, la flor del cerezo
la del jazmín
                    la luciérnaga
que pudiera descubrir
la fuerza de nuestro abrazo.

Nada habría de ahorrar
en prenda de amor, en prenda;

que jo em donaria teu
i tu et donaries tota.

Si tu em besaves, amor,
jo et donaria una rosa.

yo sería todo tuyo
y tú te darías toda.

Si me besaras, amor,
yo te daría una rosa.

PROMETENÇA

A Mlle. Bouche Marie-Louise

escolta amada meva:
si jo anava a una guerra
portaria l'espasa com els guerrers d'abans
duien l'arc de sagetes

lluitaria qui sap per quina ampla bandera
—però millor que fos la de la meva terra:
quatre barres de sang
l'or del cor que voleia

muntaria un cavall de crinera lluenta
i el meu nom s'alçaria
més alt que la congesta

el meu casc
com l'estel

prendria les ciutats
i llurs noies vindrien a rebre'm

no sabria tornar
si tornar no podia amb l'espasa florida

PROMESA

A Mlle. Bouche Marie-Louise

escucha amada mía
si yo fuera a la guerra
llevaría la espada cual los viejos guerreros
llevaban el arco y las flechas

lucharía quién sabe por qué bandera
aunque mejor si fuese la de mi tierra:
cuatro barras de sangre
que en el oro del corazón ondean

montaría un caballo de crin tersa
y mi nombre se elevaría
por encima de la tormenta

mi casco
                    cual estrella

conquistaría las ciudades
                                                            a cogerme saldrían sus doncellas

no sabría volver
si volver no pudiera con la espada florida

DIVISA

A l'Alfons Maseres

Viatjar terres
no quedar-se en cap,
amar en totes una noia verge;

creure en la guerra perquè és bo el combat,
cada ferida la sang d'un poema.

Quan Déu ens cridi poder contestar:
—tant estimava que es vessava el veire.

DIVISA

A Alfons Maseres

Recorrer tierras
                    sin quedarse en ninguna,
amar en todas una doncella;

creer en la guerra pues buena es la lucha,
cada herida la sangre de un poema.

Cuando nos llame Dios poder contestar:
amé tanto que se derramó la copa.

MESTER D'AMOR

A Enric Casanoves

Si en saps el pler no estalviïs el bes
que el goig d'amar no comporta mesura.
Deixa't besar, i tu besa després
que és sempre als llavis que l'amor perdura.

No besis, no, com l'esclau i el creient,
mes com vianant a la font regalada;
deixa't besar —sacrifici fervent—
com més roent més fidel la besada.

¿Què hauries fet si mories abans
sense altre fruit que l'oreig en ta galta?
Deixa't besar, i en el pit, a les mans,
amant o amada —la copa ben alta.

Quan besis, beu, curi el veire el temor:
besa en el coll, la més bella contrada.
Deixa't besar
i si et quedava enyor
besa de nou, que la vida és comptada.

MESTER DE AMOR

A Enric Casanoves

Si sabes el placer no escatimes el beso
pues el goce de amar no comporta mesura.
Déjate besar, y besa tú luego,
que siempre es en los labios donde el amor perdura.

No beses cual esclavo o cual creyente,
sino cual viandante al brindado venero.
y déjate besar —sacrificio ferviente—
que cuanto más ardiente será más fiel el beso.

¿Qué habrás hecho si mueres antes,
sin otro fruto que el aire en tu cara?
Déjate besar, y en el pecho, y en las manos,
amante, amada —la copa bien alta.

Bebe al besar, que el vaso cure el miedo:
besa en el cuello, la más bella comarca.
Déjate besar,
y si te quedara nostalgia
besa otra vez, que la vida se acaba.

SI JO FOS PESCADOR

Si jo fos pescador pescaria l'aurora,
si jo fos caçador atraparia el sol;
si fos lladre d'amor m'obririen les portes,
si fos bandit millor
que vindria tot sol:

—els carcellers del món no em sabrien mai l'ombra,
si fos lladre i bandit no em sabrien el vol.

Si tingués un vaixell m'enduria les noies,
si volien tornar deixarien llurs cors:

i en faria fanals
per a prendre'n de nous.

SI YO FUESE PESCADOR

Si pescador yo fuese la aurora pescaría;
si fuese cazador, al sol atraparía;
y si ladrón de amor las puertas me abrirían,
y mejor si bandido
que solo llegaría:

los guardianes del mundo mi sombra no verían,
si ladrón y bandido, mi vuelo no sabrían.

Si tuviese una nave las muchachas me llevaría,
si quisieran volver sus corazones dejarían:

de ellos faros haría
y muchos otros tomaría.

DEU-ME UNA SANTA

A Joaquim Horta

Deu-me una santa, enc que no sigui al dogma,
a qui pugui pregar: Jo pecador d'autor;
deu-me una santa que hagi estimat força,
que per pregar-li calgui un bes i una cançó.

La santa aquella que, en donar almoina,
si els seus ulls et ferien t'embraçava el coll,
i era el seu tast com la més fina noia
i al coixí del seu pit hom havia el son dolc.

Aquella santa sempre bella mossa;
no havia mendicant que no li fos devot:
era tan clara, blanca, fresca i jove
com nata de primala i com un veire nou.

Jo hi aniria de mati, en 'quella hora
en què deixo l'amiga abans no surti el sol,
quan a l'església obririen la porta:

—duria l'estampeta arran, arran del cor.

DADME UNA SANTA

A Joaquim Horta

Dadme una santa, aunque no esté en el santoral,
a quien pueda rezar: *Yo pecador de amor;*
dadme una santa que haya amado mucho,
que para rezarle sea preciso un beso y una canción.

Una santa que, al dar limosna,
te hiera con los ojos y te rodee el cuello,
y sepa lo mismo que la joven más fina
y en la almohada de su pecho esté el dulce sueño.

Una santa buena moza siempre;
no haya mendicante que culto le niegue:
tan clara, blanca, fresca y joven
como nata de primala y cual un vaso nuevo.

Yo iría temprano, a la hora
en que dejo a la amiga antes que salga el sol,
cuando en la iglesia abren la puerta:

llevaría la estampa muy junto al corazón.

DIVISA

Fem l'escamont deis qui mai no reculen
i sols un bes els pot fer presoners,

fem l'escamot dels qui trenquen les reixes
i no els fa caure sinó un altre bes.

Fem l'escamot dels soldats d'avantguarda:
el primer bes que se'ns doni ais primers.

DIVISA

Seamos el pelotón de los que nunca retroceden
y tan solo un beso puede apresarlos,

seamos el pelotón de los que rompen las rejas
y no los derriba sino otro beso.

Seamos el pelotón de los soldados de vanguardia:
y que el beso primero se nos dé a los primeros.

De

EL POEMA DE LA ROSA ALS LLAVIS

(1923)

De
EL POEMA DE LA ROSA EN LOS LABIOS
(1923)

QUINA GRUA EL MEU ESTEL

Quina grua el meu estel,
quin estel la meva grua!
—de tant com brilla en el cel
sembla una donzella nua.

L'espurneig que em fereix l'ull
són els seus pits quan s'inclina:
si fa un mirall de l'escull
perleja a l'arena fina.

De la meva barca estant
dono al cordill tota mida.
I l'ala clara, sestant,
del gavot que passa, crida.

Oh, el seu flanc rosa i argent
i la trena que es deslliga
volar d'oronella al vent!
cabell desfet de l'amiga.

Amiga del dolç turmell.
—Com una vela s'enfila
espitllera de l'ocell:
si jo llenço el braç, vacil·la.

¡QUÉ COMETA MI ESTRELLA!

¡Qué cometa mi estrella
qué estrella mi cometa!
de tanto como brilla en el cielo
una doncella desnuda semeja.

El centelleo que hiere mi ojo
son sus pechos cuando se inclina:
si hace un espejo del escollo
perlea en la arena fina.

Desde mi barca
suelto a placer la cuerda.
La clara ala, sesteante,
del alca pasajera, grita.

¡Oh su costado rosa y plata
y la trenza que se desata
vuelo de golondrina al viento!
Cabello despeinado de la amiga.

Amiga de dulce tobillo.
—Como una vela se alza
aspillera del pájaro:
si yo lanzo el brazo, vacila.

Vianant vora la mar
prega pels marins que arriben;
si veuen l'estel dansar
moren de tant que sospiren.

Vianant, puja al meu bot
que és lliure de la sentida,
però no diguis ni un mot
si no vols perdre la vida.

Vianant, no parlis, no,
que l'oreig l'acosta, i mira
que et prendrà l'amor senyor
—que el mariner ja sospira.

Ruega por los marineros que llegan,
viandante, junto al mar;
si ven danzar la estrella
mueren de tanto suspirar.

Viandante, sube a mi bote
que está libre del dolor,
pero no digas ni una palabra
si no quieres perder la vida.

Viandante, no hables, no,
que el oreo la acerca, y mira
que te quitará el amor señor
—que el marinero ya suspira.

DEIXARÉ LA CIUTAT

Deixaré la ciutat que em distreu de l'amor
la meva barca
el Port
i el voltàmetre encès que porto a la butxaca—

l'autómnibus brunzent
i el més bonic ocell
que és l'avió
i temptaré la noia que ara arriba i ja em priva

li diré com la copa melangiosa és del vi
—i el meu braç del seu coll-
i veurá que ara llenço la stylo i no la cullo

i em faré el rostre pàl-lid com si fos un minyó
i diré maliciós:
—com un pinyó és la boca que em captiva.

DEJARÉ LA CIUDAD

Dejaré la ciudad que me distrae del amor
mi barca
            el Puerto
y el voltámetro encendido que llevo en el bolsillo

el raudo autómnibus
y el más hermoso pájaro
                                    que es el avión
y tentaré a la muchacha que llega y ya me gusta

le diré cómo la copa melancólica es del vino
—y mi brazo de su cuello—
y verá que ahora tiro la stylo y no la tomo

y me haré el rostro pálido como si fuera un chiquillo
y diré   malicioso:
como un piñón es la boca que me cautiva.

PERQUÈ HAS VINGUT

Perquè has vingut han florit els lilàs
i han dit llur Joia
                    envejosa
                              a les roses:

mireu la noia que us guanya l'esclat,
bella i pubilla, i és bruna de rostre.

De tant que és jove enamora el seu pas
—qui no la sap quan la veu s'enamora.

Perquè has vingut ara torno a estimar:
diré el teu nom
                    i el cantarà l'alosa.

PORQUE HAS VENIDO

Porque has venido florecieron las lilas
y han dicho su alegría
                    envidiosas
                              a las rosas:

mirad a la muchacha que en brillo os gana,
bella y doncella, morena de cara.

Tan joven es, que a su paso enamora
—quien no la sabe, al verla se enamora.

Porque has venido amo de nuevo:
diré tu nombre
               y lo cantará la alondra.

I EL SEU ESGUARD

i el seu esguard damunt el meu esguard
sóc presoner
que la vull presonera:
aquest mati que una flor m'ha posat
li deia així
baix baixet
a l'orella:

sota els teus ulls, és un bes el que em plau:

Y SU MIRADA

y su mirada sobre mi mirada
es prisionera
                    que prisionera la quiero:
esta mañana que una flor me ha puesto
le decía así
                  bajo bajito
                                  al oído:

bajo tus ojos, es un beso lo que me gusta:

AMO L'AROMA

Amo l'aroma d'aquest brot de menta
que duus lligada dintre el teu somrís
fes-me'n penyora   tu, minyona esquerpa
com vela nova que torba el garbí.

Les xicres blanques dels pals del telègraf
si ets a la ruta guarden ton camí;
pel brot de menta cap d'elles pledeja—
pledejarien si em veien sofrir.

Perquè vindria de la boca teva
la posaria al mossec de les dents,
fes-me'n penyora, del teu brot de menta:
jo, per pagar-la,   ja em donaré teu.

AMO EL AROMA

Amo el aroma de este brote de menta
que llevas atado dentro de tu sonrisa
dámelo en prenda   tú, muchacha arisca
como vela nueva que turba el garbí.

Las blancas jícaras de los palos del telégrafo
si estás en ruta guardan tu camino;
por el brote de menta ninguna pleitea,
pleitearían si me viesen sufrir.

Porque vendría de tu boca
le pondría al mordisco de los dientes,
dámelo en prenda, tu brote de menta:
para pagarlo   tuyo seré.

JACULATÒRIA

O
H

T
O
T
A

P
U
L
C
R
A

JACULATÒRIA

ROSA LA ROSA ET SÓC PREGANT
PÈTAL QUE ES MORÍ TREMOLANT
EL BES DONANT SEMPRE CREMANT
—I UN ALTRE PÈTAL ESPERANT

G
O
T
E
S

D
E

S
A
N
G

ET DURÈ SEMPRE
AL PIT

ET SOMNIARÈ
A LA NIT

l'estampeta és d'or

ESPINES DE
LLIGA-AMANT

FERIU MA CARN

JACULATORIA

O
H

T
O
D
A

P
U
L
C
R
A

JACULATORIA

ROSA LA ROSA TE ESTOY ROGANDO
PÉTALO QUE MURIÓ TREMOLANDO
EL BESO DANDO SIEMPRE QUEMANDO
—Y. OTRO PÉTALO AÚN ESPERANDO

G
O
T
A
S

D
E

S
A
N
G
R
E

TE LLEVARÉ SIEMPRE
EN EL PECHO

TE SOÑARÉ
POR LA NOCHE

La estampa es de oro

ESPINAS DE
ATA-AMANTE

HERID MI CARNE

I EL VENT DEIXAVA

i el vent deixava dintre la rosella
granets de blat com espurnes de sol
—només per dir com és la boca d'Ella:

com la neu rosa als pics
quan surt el sol

Y EL VIENTO DEJABA

y el viento dejaba dentro de la amapola
granitos de trigo cual chispas de sol
solamente por decir cómo es Su boca:

cual la nieve rosa en los picos
cuando sale el sol

SER MESTRE D'AMOR

Ser mestre d'amor
qui no pagaria,
ara que en sóc jo
l'aprenenta em tira.

De dir la lliçó
tota Ella s'afina—
ja sap tant el cor
que no li cal guia;
amb un sol petó
la lliçó es sabia.

Qui és mestre d'amor
del guany ja pot viure.

MAESTRO DE AMOR

Para ser maestro de amor
quién no pagaría,
ahora que lo soy
la alumna me tira.

Decir la lección
—toda Ella se afina—
sabe tanto el corazón
que no necesita guía;
con un solo beso
la lección sabía.

Quien sea maestro de amor
que de la ganancia viva.

SOTA EL MEU LLAVI EL SEU

Sota el meu llavi el seu, com el foc i la brasa,
la seda dels seus rulls com el pecat més dolç
—i l'espatlla ben nua
ben blanca

l'ombra corba
incitant
de l'esguard:

encara un altre bes
un altre
un altre

—quin perfum de magnòlia el seu pit odorant!

BAJO MI LABIO EL SUYO

Bajo mi labio el suyo, como el fuego y la brasa,
la seda de sus rizos como el pecado más dulce
        y los hombros desnudos
                                        muy blancos
La sombra curva
                    incitante
                              de la mirada:
Otro beso aún
                y otro
                      y otro

¡qué perfume de magnolia en su pecho oloroso!

SI, PER TENIR-LA

(Si, per tenir-la, la feria al cor
—era l'ortiga
que alena cremor.)

SI, POR TENERLA

(Si, por tenerla, la hería el corazón
—era la ortiga
que alienta quemazón.)

MENTRE LA ROBA S'EIXAMORA

Mentre la roba s'eixamora i vola
i tot reposa dins la sesta al sol,
vine, manyaga, on s'escau la pomera—
menjarem pomes i ens direm l'amor.

L'amor que ens dèiem
l'amor que ens diríem.

Ai, que et quedava el senyal i tot.

MIENTRAS LA ROPA SE OREA

Mientras la ropa se orea y vuela
y todo reposa en la siesta al sol,
ven, suave, donde se encuentra el manzano
comeremos manzanas y hablaremos de amor.

El amor que nos decíamos
                                        el amor que nos diríamos.

Ay, que hasta su señal queda en ti.

SERÉ A TA CAMBRA, AMIGA

Seré a ta cambra, amiga, que ningú no ho sabrà:
Cupidell a la porta m'obrirà
i tancarà.

Entremaliat i destre serà Ell qui et prendrà.

I si Tu ets temerosa
no et deixarà cridar.

IRÉ A TU HABITACIÓN, AMIGA

Iré a tu habitación, amiga, que nadie lo sabrá:
Cupido la puerta me abrirá
y cerrará.

Travieso y diestro será Él quién te tomará.

Y si Tú eres temerosa
no te dejará gritar.

MOCADOR D'OLOR

Mocador d'olor
que la teva sina
acostava al cor:
com que et sap l'enyor
i et sap la pell fina
tremola d'amor.

Mocador d'olor
fragant tarongina,
com li bat el cor!

PAÑUELO DE OLOR

Pañuelo de olor
que tu seno
acercaba al corazón:
cómo conoce tu aflicción
y conoce tu fina piel
trémula de amor.

Pañuelo de olor
fragante azahar,
¡cómo le late el corazón!

QUIN TEBI PLER

Quin tebi pler l'estimar d'amagat
tothom qui ens veu quan ens veu no ho diria
—però nosaltres ja ens hem dat l'abraç
i més i tot, que l'abraç duu follia.

La seva cambra si em té enamorat!

¿On és l'espieta que l'amor ens priva?

QUÉ CÁLIDO PLACER

Qué cálido placer amar a escondidas
quien nos ve cuando nos ve no lo diría
—pero nosotros ya nos hemos dado el abrazo
y aún más, que el abrazo comporta locura.

¡Su habitación me tiene enamorado!

¿Dónde está el centinela que priva nuestro amor?

TIRANIA DE L'AMOR

Tirania de l'amor
si et vull deixar, dius: no em deixis.

Si Tu em deixaves, sóc jo
qui sóc gelós de que ho fessis.

Englantina del camí
fas goig perquè jo et llueixi:

tota la il·lusió que tinc
la vols teva
quan et prengui.

TIRANÍA DEL AMOR

Tiranía del amor
si quiero dejarte, dices: no me dejes.

Si Tú me dejaras, estaría yo
celoso de que lo hicieses.

Englantina del camino
te luces para que contigo me adorne:

toda la ilusión que mimo
para ti la quieres
cuando yo te tome.

ÉS FADRINETA I COM UN SOL

És fadrineta i com un sol,
ara als meus braços defallia;
si duu a les celles mort i dol
duu a les pestanyes la metgia.

Si a cada pit porta un robi
em diu l'afany: li robaria.
—Ella els guardava sols per mi,
si ara els volia ara els prenia.

Si l'assentava als meus genolls
era una rosa que s'obria.

ES DONCELLA Y COMO UN SOL

Es doncella y como un sol,
en mis brazos desfallecía;
si lleva en las cejas muerte y duelo
en las pestañas lleva el consuelo.

Si en cada pecho lleva un rubí
me dice el ansia: se lo robaría.
—Ella los guarda solo para mí,
si los quería se los tomaba.

Si la sentaba en mis rodillas
era una rosa que se abría.

PERQUÈ ÉS ALTA I ESVELTA

Perquè és alta i esvelta
tota es sap estremir.
Si els cabells li penjaven
com el fruit del raïm
pels clotets de la sina
s'hi perdien gotims!

—Més avall si arribaven
floria l'omelic.

PORQUE ES ALTA Y DELGADA

Porque es alta y delgada
toda ella se estremece.
¡Si le cuelgan los cabellos
como el fruto de la uva
por los hoyos de los senos
se pierden los gajos!

Si llegan más abajo
florece el ombligo.

ULLS CLUCS L'AMOR

Ulls clucs
l'amor
sap que la vida sempre és una festa

una cançó
Déu se l'estima com la llàntia encesa

ulls clucs
l'amor
Déu li manava que es lligués la bena

passava jo

i ara es venjava fent que fossis meva:

xiula i feineja
fa ta cambreta

OJOS CERRADOS EL AMOR

Ojos cerrados
el amor
sabe que la vida siempre es una fiesta

una canción
Dios lo ama como a la lámpara encendida

ojos cerrados
el amor
Dios le manda que se ate la venda

yo paso

y ahora se venga haciendo que sea mía:

silba y trajina
hace tu cuarto

COM SÉ QUE ES BESA

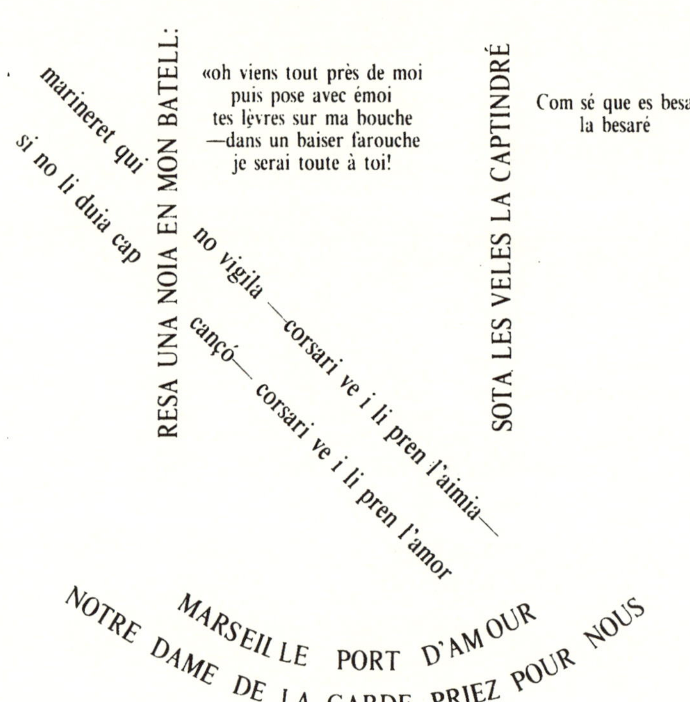

COMO SÉ QUE SE BESA

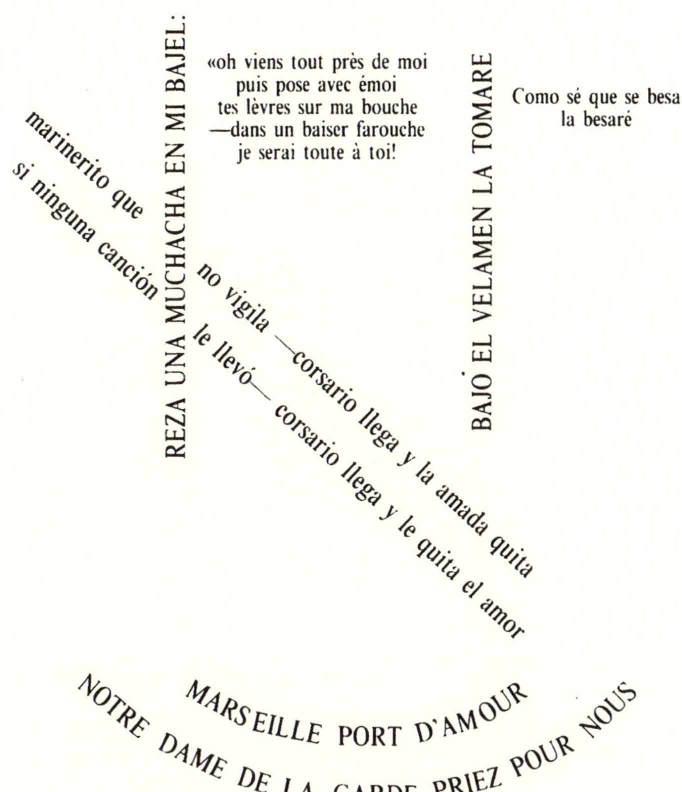

SI LA DESPULLAVA

Si la despullava
oh, la meva amor!
un botó que queia
ja em donava goig
—ara la bruseta
i el cinyell tot pret,
mel rosada i fresca
la sina després:

al mig de la toia
clavellets vermells:

SI LA DESNUDABA

Si la desnudaba,
¡oh, el mío amor!
Un botón cayendo
ya me daba gozo
—ahora la blusita
y el prieto corpiño,
miel rosada y fresca
el seno después:

en mitad del ramo
rojas clavellinas:

VISCA L'AMOR

Visca l'amor que m'ha donat l'amiga
fresca i polida com un maig content!
Visca l'amor
l'he cridada i venia
—tota era blanca com un glop de llet.

Visca l'amor que Ella també es delia:

visca l'amor:
la volia i l'he pres.

VIVA EL AMOR

¡Viva el amor que me ha dado la amiga
fresca y limpia como alegre mayo!
Viva el amor
                    la llamé y vino
tan blanca era como un sorbo de leche.

Viva el amor, que también ella gozaba:

viva el amor:
                    la quise y la tomé.

BLANCA BRUNA

blanca
bruna
i fina com un pa de mel
—més que una amoreta collida al carrer

la seva geniva floria de sang
verge i desvestida
—joliu dolençant

camisa de seda com la lluna al ple
la rosa vermella floria també:

si ahir era poncella ara és mon tresor
—com la satalia cada pit rodó

MORENA CLARA

clara
        morena
                y fina como pan de miel
más que un requiebro recogido en la calle

sus encías florecen de sangre
virgen y desvestida
                        lindo doliente

camisa de seda como la luna llena
la rosa bermeja florece también:

si ayer era capullo hoy es mi tesoro
como la mosqueta cada pecho redondo

I QUAN CONFIATS ELS ARBRES

I

i quan confiats els arbres es vesteixen
ignoren els seus ulls
nit   dia   sol   estelada plena

i les rodes de la fortuna de la seva sina

i el misteri de la rosa vermella dels seus colzes

ignoren el seu ventre
                                        damunt la cripta ufana
                                        que flameja el seu cos

vas de l'amor
                        llet i mel en son clos
                                                        flor d'atzabeja:

—quan confiats els arbres es vesteixen
      Ella és la Primavera

Y CUANDO CONFIADOS LOS ÁRBOLES

I

y cuando confiados los árboles se visten
ignoran sus ojos
noche   día   sol   firmamento pleno

y las ruedas de la fortuna de su seno

y el misterio de la rosa roja de sus codos

ignoran su vientre
                    sobre la cripta ufana
                    que llamea su cuerpo

vaso del amor
                leche y miel en su cercado
                                        flor de azabache:

cuando confiados los árboles se visten
    Ella es la Primavera

II

com una fletxa el seu mentó
quan besa
—com una fletxa els seus braços alçats

la seva sina com una sageta
—una sageta el seu gest marxant

fletxa
arc
sageta
sagrari de carn:

i la joguina   com la més tallant

II

como una flecha su mentón
cuando besa
como una flecha sus brazos alzados

su seno como una saeta
una saeta su gesto en marcha

flecha
arco
saeta
sagrario de carne:

y el juguete como el más hiriente.

SI N'ERA UN LLADRE

(*Si n'era un lladre cor-robador,*
mirada bruna, llavi de foc.
—Ai, la padrina, m'ha pres el dot.)

SI ERA UN LADRÓN

(Si era un ladrón torna-corazones,
oscura mirada, labio de fuego.
Ay, madrina mía, me ha robado la dote.)

LA CARN FA CARN

La carn fa carn
el vi fa sang
—com és segura
l'ombra d'Islam!

A l'ombra mate dels meus pruners
l'amiga em renta i em besa els peus.
Oli d'ametlles
oli d'arrels—
naixien ales als meus turmells.
—M'estreny l'amada contra els seus béns.

Àmfora plena
del vi més clar,
del vi més negre
que ha fermentat.

Cap llavi crema com els vermells
de l'amor meva quan dóna el bes.
Tan fina és Ella que em dicta el vers.
—Prenc els seus muscles i el seu coll tens
com una pruna que ara caigués.

S'ou la musica

LA CARNE HACE CARNE

La carne hace carne
el vino hace sangre
—¡cuán cierta es
la sombra del Islam!—

A la sombra mate de mis ciruelos
la amiga me lava y me besa los pies.
Aceite de almendras
aceite de raíces,
nacían alas en mis tobillos.
Me estrecha mi amada contra sus bienes.

Ánfora plena
del vino más claro,
del vino más negro
que ha fermentado.

Labio alguno quema como los rojos
de mi amor cuando besa.
Tan fina es Ella que me dicta el verso
Tomo sus hombros y su cuello tenso
como una ciruela al caer.

Se oye la música

de cent llaüts,
clara i divina
sota els seus rulls.

Terra d'Aràbia, terra corser
d'alta crinera, bridall desfet.
El sol l'encalla, l'amor molt més:
amiga, amiga, no reposem
—un floc ma vida en el teu cabell!

La lluna és bella
si feia el ple:
a ta vorera
no ho fóra gens.

Copa vessada, veire roent
com la pregària de Mohammed,
la meva amada, si el goig la pren
sota les tendes dels meus pruners.
I el seu somriure, tremir d'estel.

Voltes de marbre
dels seus dos pits,
mesquita blanca
del meu delit.

de cien laúdes,
clara y divina
bajo sus bucles.

Tierra de Arabia, tierra corcel
de alta crin, brida suelta.
El sol la persigue, el amor mucho más:
amiga, amiga, no descansemos
¡un mechón es mi vida en tu cabello!

La luna es bella
si está llena:
a tu orilla
no lo sería.

Copa derramada, vaso ardiente
cual la plegaria de Mohammed,
mi amada, si la emoción la toma
bajo las tiendas de mis ciruelos.
Y su sonrisa, temblor de estrella.

Bóvedas de mármol
de sus dos pechos,
mezquita blanca
de mi deseo.

QUIN DESVETLLAR-ME

Quin desvetllar-me el seu cos tot nu
(era un fanal que em feria la cara:
—quan a ciutat plou tot queda com Tu,
nacre lluent de l'una banda a l'altra).

Ja et sóc fidel   com ho és el rat-penat
que viu esclau al voltant de la nitra;
digue'm per què, sota el braç i amagat,
tens un secret com d'ulls negres que em mira.

Dius mon amant, com un desmai d'onada
que el iol l'esquinça sota el ventre moll.
Per aquest breç jo també et diré: amada
—però el teu secret, negre negre, em té tot!

QUÉ DESPERTAR

Qué despertar con su cuerpo todo desnudo
(era un farol que me hería la cara:
cuando llueve en la ciudad todo queda como Tú,
nácar brillante de uno a otro lado).

Ya te soy fiel   como lo es el murciélago
que vive esclavo alrededor de su nido;
dime por qué, bajo el brazo y escondido,
tienes un secreto como de ojos negros que me mira.

Dices mi amante, como un desmayo de ola
que el balandro rasga bajo su vientre mojado.
Por este abrazo yo también te diré: amada
¡pero tu secreto, negro negro, todo me tiene!

MES D'AQUEST SOMNI

Mes d'aquest somni d'Orient
ens despertava el bell matí;
era el llençol trement trement,
la seva carn com de setí.

La lluna encara al firmament
es reflectia al seu coixí
—jo la deixava tot tement
si algú ens vindria a descobrir.

I el nostre bes era tan llarg
com la nit curta en el seu braç.

MAS DE ESTE SUEÑO

Mas de este sueño de Oriente
me despertaba la bella mañana;
era la sábana, temblante temblante,
su carne como de satén.

La luna todavía en el firmamento
se reflejaba en su almohada
—yo la dejaba temiendo
que alguien viniese a descubrirnos.

Y nuestro beso era tan largo
como breve la noche en su abrazo.

SI ANESSIS LLUNY

Si anessis lluny
tan lluny que no et sabés
tampoc ningú sabria el meu destí,
cap altre llavi no em tindria pres
però amb el teu nom faria el meu camí.

Un ram de noies no em fóra conhort
ni la cançó sota el dring de la copa,
vaixells de guerra vinguessin al Port
prou hi aniria, mariner de popa.

Si jo posava la bandera al pal
i era molt alta, t'hi veuria a dalt.

SI FUESES LEJOS

Si fueses lejos
                    tan lejos que no te supiese
nadie sabría tampoco mi destino,
labio alguno me tendría preso
mas con tu nombre haría mi camino.

Un ramo de muchachas no me daría consuelo
ni la canción bajo el tin-tín de la copa,
barcos de guerra que viniesen al Puerto
a ellos iría, marinero de popa.

Si yo pusiera la bandera en el palo
y fuera muy alta, te vería en ella.

RAILS I MÉS RAILS

rails i més rails
—i més rails
i més rails—
(la xemeneia fa el seu nom blanc
en marxa)

jo resto pres per la xarxa dels rails:
cor i desig com unes mans lligades

(si xiula fort
penso que m'ha cridat)
—perquè enyora l'amant
i jo l'amor del cos
i el de l'amor només de l'estimada

i ara imagino
el seu bes i el seu braç
i és sols l'agulla dels rails
i la màquina

MÉS RAILS QUE VOLS D'OCELL
LA MATINADA CLARA

RAÍLES Y MÁS RAÍLES

Raíles y más raíles
—y más raíles
                    y más raíles—
(la chimenea dice su nombre blanco
en marcha)

yo quedo preso por la red de los raíles:
corazón y deseo cual manos atadas

(si silba fuerte
creo que me ha llamado)
porque añora al amante
y yo el amor del cuerpo
                              y el del amor solo de la amada

y ahora imagino
su beso y su abrazo
y es tan solo la aguja de los raíles
                                        y la máquina

MÁS RAÍLES QUE VUELOS DE PÁJAROS
LA CLARA MADRUGADA

TANCA

L'altra banda de la serra
té un encís que no he dit mai
—per la joia que m'espera
cada pi em dóna la mà.

CIERRE

El otro lado de la sierra
tiene un encanto nunca dicho
por la alegría que me espera
me dan la mano pino a pino.

De

ÓSSA MENOR

(Fin dels poemes d'avantguarda)

(1925)

De
OSA MENOR
(Fin de los poemas de vanguardia)
(1925)

MADRIGAL

Plovia a la vinya
i el raïm madur
de l'aigua es polia i era negre i dur:
quan el sol sortia
dos gotims diria que eren els teus ulls.

MADRIGAL

Llovía en la viña
                              y a la uva madura
la limpiaba el agua y era negra y dura:
cuando el sol salía
que tus ojos gajos eran se diría.

JUNY

Per Sant Joan, amiga, te'n faria retret
si és cas que no venies al festeig que tindrem.
Cada noia fadrina demanarà un promès,
l'alfàbrega i la ruda voldran llum dels estels.
Sentiràs com s'esberlen de claror els fanalets.
Farem focs d'artifici com no es veu en els cels
perquè caiguin estrelles
                                        i en bombes de paper
pugin de nou enlaire enduent-se'n els precs
—i el teu
                    si t'atrevies
                                        que és un prec que conec.
Tu els clavells regaries. Jo et robaria un bes.

JUNIO

Por San Juan, amiga, te reprocharía
el que no vinieras a la fiesta que tendremos.
Cada moza pedirá un novio,
la albahaca y la ruda querrán luz de estrellas.
Sentirás cómo se abren en claridad los farolillos.
Haremos fuegos artificiales, cual no se ven en los cielos,
para que caigan estrellas
                                        y en globos de papel
subán de nuevo llevándose las plegarias
y la tuya
            si te atrevieras
                                        que es un ruego que yo sé.
Tú regarías los claveles. Yo un beso te robaría.

BALLET

A Josep Mompou

El sol
traint la sesta
folga amb el rostre encés la cortina adormida.

* * *

Així com una anguila quan és presa
s'esmuny la meva amada a ma follia:
—però el seu llavi és vermell
com el llum que duu el tren
i el banderol
i el disc
i el senyal de la via:
així com una anguila quan és presa
son cabell
com l'instint
cau damunt la carn viva.

* * *

Oh, quin pler una gota de sang
viatgera del coll a la sina.

BALLET

A Josep Mompou

El sol
traicionando la siesta
holga con el rostro encendido en la cortina dormida.

* * *

Cual la anguila, cuando es tomada
se escurre mi amada ante mi locura:
mas su labio es rojo
como la luz que lleva el tren
y la banderola
y el disco
y la señal de la vía:
cual la anguila, cuando es tomada
su cabello
como el instinto
cae sobre la carne viva.

* * *

Oh, qué placer una gota de sangre
viajera del cuello al seno.

Així com una anguila quan és presa
es caragola
de cop
        la cortina.

Cual la anguila, cuando es tomada
se enrosca
de golpe
        la cortina.

ARQUER D'AMOR

Si et veia la sina
veia dos fitons;
oh, deixa'm, amiga,
que provi el meu pols.

Si un pit et sagnava,
beuria ta sang;
si et sagnava l'altre,
amb les dues mans.

Obre ben bé els braços
i acluca bé els ulls:
si la carn no es bada
la vida s'esmuny.

Quan sentis ma boca
aguanta l'alè—
t'estremirás tota
i és quan jo et prendré.

Amiga, la vida
és una cançó.
Jo canto ta sina,
arqueret d'amor.

ARQUERO DE AMOR

Dos hitos veía
al verte los pechos;
oh, amiga, deja,
que mi pulso pruebo.

Si un pecho te sangra
su sangre me bebo;
si también el otro,
con todos los dedos.

Abre bien los brazos,
bien los ojos cierra:
carne que no se abre,
vida que no se entrega.

Aguanta el aliento
al sentir mi boca
yo te tomaré;
tú, transida toda.

Amiga, la vida
es una canción.
Yo canto tus senos,
arquero de amor.

EPITALAMI D'UNES NOCES DE MAIG

A M. A. Espinal

Amic, quin trot galant
si aquesta nit avances la nit de Sant Joan—
la nit de Sant Joan que és nit de meravella,
i és damunt cada bes que neixen les estrelles.

Digue-li al teu amor l'enveja que li hauran altres donzelles
i eixuga-li aquell crit   mica de plor,
que és en la noia verge quan el seu cos floreix una rosella.

I para compte al goig del seu desmai.

Que Cupidell us furti
i no pugueu vestir-vos si feu curta l'empresa.

EPITALAMIO DE UNAS BODAS DE MAYO

A M. A. Espinal

Amigo, qué trote galante
si esta noche avanzas la noche de San Juan
la noche de San Juan que es noche de maravilla,
y encima de cada beso nacen las estrellas.

Dile a tu amor la envidia que le tendrán otras doncellas
y enjuágale aquel grito   un poco de llanto,
que es en la muchacha virgen cuando en su cuerpo
  florece una amapola.

Y atiende al gozo de su desmayo.

Que Cupido os esconda
y no podáis vestiros si no cumplís la promesa.

LA MEVA AMIGA COM UN VAIXELL BLANC

Aquella verge vinclada als meus braços
tota es donava però ha fet un gran crit.
—Oh, amat, no temis! —em deia
ajocant-se:
—No hi ha a la terra cap glavi més fi.

Cerca pel món, que no en trobaràs d'altra
que et faci ofrena d'un amor tan pur.
No em deixis, no, que el teu bes m'amanyaga:
¿com ho faria, si era sense tu?—

I ara s'alçava i jo la vestia
i els seus cabells destrenava pel coll.
La carn, flotant al mossec de la vida,
s'enorgullia de la comunió.

—¿Què més voldràs, si el meu cos que et guardava
ara ja és teu, i elevarà el teu cant?—
I amb els peus nus, de puntetes, mirant-me:
—Quan corris món, el meu nom ¿què et dirà?—

A cada mot més la veu endolcia,
i jo era alhora l'heroi i l'esclau:

MI AMIGA CUAL UNA NAVE BLANCA

Aquella virgen reclinada en mis brazos
se daba entera, mas dio un fuerte grito.
¡Oh amado, no temas! —me decía
acurrucándose:
No hay en la tierra espada más fina.

Busca por el mundo entero y otra no hallarás
que te haga ofrenda de un amor tan puro.
No me dejes, no, que tu beso me acaricia:
¿cómo podría hacerlo sin ti?

Y entonces se levantaba y yo la vestía
y sus cabellos destrenzaba por el cuello.
La carne, flotando al mordisco de la vida,
se enorgullecía de la comunión.

¿Qué más quieres si mi cuerpo que te guardaba
ahora ya es tuyo, y elevará tu canto?
Y con los pies desnudos, de puntillas, mirándome:
Cuando corras mundo, mi nombre, ¿qué te dirá?

A cada palabra, más la voz endulzaba
y yo era al tiempo héroe y esclavo:

—No et deixaré
et diré el nom d'amiga.
La meva amiga: com un vaixell blanc.

I encar de nou la prenia en mos braços
—ja era el seu ventre més alt i més fort.
I a cada pit un vermell:
dues brases
com la punxada del llavi i del cor.

No te dejaré
                    te daré el nombre de amiga.
Mi amiga: cual una nave blanca.

Todavía de nuevo la tomaba en mis brazos
ya era su vientre más alto y más fuerte.
Y en cada pecho un cardenal:
                                        dos brasas
cual la punzada del labio y del corazón.

ARA NO ES FA, PRO JO ENCARA HO FARIA

A Joan Merli

Ara no es fa, pro jo encara ho faria:
una galera armaria de nits
o un galió
amb les veles més fines,
i amb cent pirates com la meva sort.
No pregunteu quines mars fendiríem
—foren aquelles on calgués valor.

Ara no es fa, pro jo encara ho faria:
ells foren lladres de l'argent i l'or
i foren lladres si perles hi havien
—jo robaria només per amor.
Fos amb engany
si de grat no venien,
jo robaria les noies dels Ports.

I encar sóc cert de trobar una illa
on les penyores pogués amagar
i fer pagar les més belles estrenes
de les donzelles sota el meu capçal.
Al pler del vent, desplegades les veles,
voldria ésser el més brau capita.

AHORA NO SE HACE, PERO YO AÚN LO HARÍA

A Joan Merli

Ahora no se hace, pero yo aún lo haría:
armaría una galera de noches
o un galeón
con las velas más finas
y cien piratas de mi misma suerte.
No me preguntéis qué mares hendiríamos
serían aquellos que requirieran valor.

Ahora no se hace, pero yo aún lo haría:
ellos serían ladrones de plata y oro
y ladrones serían si perlas hubiera
yo robaría tan solo por amor.
Con engaño,
si de grado no vinieran,
las mozas de los puertos robaría yo.

Y además no dudo encontrar una isla
donde mis prendas pudiese ocultar,
y exigir los más bellos rescates,
a las doncellas, bajo mi dosel.
A merced del viento, desplegadas las velas,
quisiera ser el más bravo capitán.

Ara no es fa, pro jo encara ho faria
—si d'un amor sofrís el desengany—
lligar l'atzar de la mar a ma vida
i anar tan lluny que no pogués tornar.
Oh, si el vaixell duia el nom de l'amiga
—de tant d'enyor llanguiria la mar.

Ahora ya no se hace, pero yo aún lo haría
—si de un amor sufriese el desengaño—:
unir la aventura del mar a mi vida
e ir tan lejos que me fuera imposible tornar.
¡Oh, si la nave llevase el nombre de mi amiga!
de tanta añoranza languidecería el mar.

PROVERBI

Així la rosa enduta pel torrent,
així l'espurna de mimosa al vent,
la teva vida, sota el firmament.

PROVERBIO

Cual rosa que arrastra el torrente,
cual brizna de mimosa al viento,
así tu vida, bajo el firmamento.

POEMAS DISPERSOS

AMADA, AMADA

Com te veig
sense veure't ni tenir-te al davant!

Ara mateix,
m'apar com si corressis.

Vers la meva cabana d'il·lusions.

Amada,
vas lleugera de roba.

I, en corrent,
tos pits saltironegen en son si.

Aprés bojament rius,
—en adonar-t'en—,
talment com una nena enjogassada.

A prop de la cabana has arribat,
amada.

I dolçament m'esguardes.

AMADA, AMADA[1]

¡Cómo te veo
sin verte ni tenerte enfrente!

Ahora mismo
me parece que corres.

Hacia mi cabaña de ilusiones.

Amada,
vas ligera de ropa.

Y, corriendo,
tus pechos brincan en su seno.

Luego, ríes locamente
—al advertirlo—
cual una niña juguetona.

Junto a la cabaña has llegado,
amada.

Y dulcemente me miras.

[1] Publicado en *Un enemic del Poble*. Núm. 10 (1918).

Per què acotes el cap, avergonyida?

Amada,
jo ara et vull fecundar:

Perquè un infant alletis
—que sigui com un déu.

I els homes beneeixin
els teus sins.

i el teu córrer.

¿Por qué ruborosa agachas la cabeza?

Amada,
yo quiero fecundarte ahora:

Para que amamantes a un niño
que sea como un Dios.

Y los hombres bendigan
tus senos

y tu manera de correr.

CANÇÓ DE L'AMOR EFÍMERA

A l'Enric Casanovas

O bella inconeguda passatgera del tram
qui tens un posat rosa i un esguard ple de sol;
qui mostres una sina cobertora de dol
i et vesteixes, discreta, la bruseta d'estam.

O bella inconeguda qui ets menuda i audaç
i que sense companya t'arrisques a la platja;
i no tems l'escomesa del fillol qui s'assatja
al domeny de les ones, i te'n prega el teu braç.

O bella inconeguda qui en sentir la malicia
de les ullades frèvoles, tota t'has commogut...
tancades les oïdes a mots que el vent s'ha endut,
bo i sospirant potser pel goig d'una carícia.

O bella inconeguda, del tram t'he vist baixar;
—i avui t'he somniada, i et somniaré demà—.

(Gener, 1920)

CANCIÓN DEL AMOR EFÍMERO[2]

A Enric Casanovas

Oh bella desconocida pasajera del tranvía
que tienes un ademán rosa y una mirada llena de cielo;
que muestras en tu seno cobertor de duelo
y que vistes, discreta, la blusa de estambre.

Oh bella desconocida, pequeña y audaz
que sin compañía te arriesgas en la playa;
y no temes la acometida del ahijado que se lanza
al dominio de las olas, y te pide tu brazo.

Oh bella desconocida que al sentir la malicia
de las miradas frívolas, toda tú te has conmovido.
Cerrados los oídos a las palabras que el viento se lleva,
suspirando tal vez por el gozo de una caricia.

Oh bella desconocida, del tranvía te he visto bajar;
—y hoy te he soñado, y te soñaré mañana—.

(Enero, 1920)

---

[2] Publicado en *El día*. 21-II, 1920.

ÍNDICE

LA GESTA DELS ESTELS / LA GESTA DE LAS ESTRELLAS

EL POEMA DE LA ROSA ALS LLAVIS / EL POEMA DE LA ROSA EN LOS LABIOS

ÓSSA MENOR / OSA MENOR

Esta cuarta edición de
Poemas de amor
se acabó de imprimir
el 27 de octubre de 2024
en Madrid.